RELIEVE
del
TERRENO

MW01127861

LOS GLACIARES

SANDY SEPEHRI

Rourke
Educational Media
rourkeeducationalmedia.com

© 2014 Rourke Educational Media

All rights reserved. No part of this book may be reproduced or used in any form or by any means, electronic or mechanical, including photocopying, recording, or by any information storage and retrieval system without permission in writing from the publisher.

www.rourkeeducationalmedia.com

Photo Credits
Pg. 4 © Svetlana Privezentseva; Pg. 5 © Xavier MARCHANT; Pg. 6a © Jeff Goldman; Pg. 6b © Jan Martin Will; Pg. 7 © Jan Martin Will; Pg. 8 © Jerome Scholler; Pg. 9a © SDC; Pg. 9b © Marc Pagani Photography; Pg. 10a- Lukás Hejtman; Pg. 10b © Vera Bogaerts; Pg. 11a © Maria Veras; Pg. 11b © Vassiliy Mikhailin; Pg. 12a © SDC; Pg. 12b © Andrew Lewis; Pg. 14 © Andrew Lewis;Pg. 15 © Basov Mikhail; Pg. 16 © Ulrike Hammerich; Pg. 17 © Galyna Andrushko; Pg. 18 © Matt Cooper; Pg. 19 © Scott Edlin; Pg. 20a © Ulrike Hammerich; Pg. 20b © Vera Bogaerts; Pg. 21a © USFS; Pg. 21b © USFS; Pg. 22a © Kenneth Spo; Pg. 22b © Vassiliy Mikhailin; Pg. 23a © Mark; Pg. 23b © Jozef Sedmak; Pg. 24a © Mike Norton; Pg. 24b © Tan, Kim Pin; Pg. 25a © Pedro Miguel Nunes; Pg. 25b © TAOLMOR; Pg. 25c © Don Wilkie; Pg. 26a © Josef F. Stuefer; Pg. 26b © Ulrike Hammerich; Pg. 27a © Keith Levit; Pg. 27b © Gail Johnson; Pg. 28a © Ferenc Cegledi; Pg. 28b © Jason Smith; Pg. 28c © Peter Kunasz; Pg. 28d © Keith Levit; Pg. 29a © Eric Gevaert; Pg. 29b © EGD; Pg. 30 Illustration by Erik Courtney

Design and Production - Blue Door Publishing; bdpublishing.com
Editorial/Production services in Spanish
by Cambridge BrickHouse, Inc.

www.cambridgebh.com

Sepehri, Sandy
  Los glaciares / Sandy Sepehri
  ISBN 978-1-62717-264-6 (soft cover - Spanish)
  ISBN 978-1-62717-458-9 (e-Book - Spanish)
  ISBN 978-1-62717-258-5 (soft cover - English)

Also Available as:
ROURKE'S
e-Books

Printed in China, FOFO I - Production Company
  Shenzhen, Guangdong Province

Rourke
Educational Media

Contenido

¿Qué es un glaciar?

Un glaciar es un enorme trozo de hielo en la tierra, hecho de la nieve que se ha acumulado durante cientos o miles de años. Un glaciar pequeño puede ser del tamaño de dos campos de fútbol y un glaciar grande puede cubrir un área de más de 30,000 millas cuadradas (48,280 km). El glaciar más grande del mundo, el casquete polar Antártico, cubre aproximadamente el 98 por ciento de la Antártida, el quinto continente más grande de la Tierra.

ANTÁRTIDA

Cuando los glaciares se derriten forman lagos.

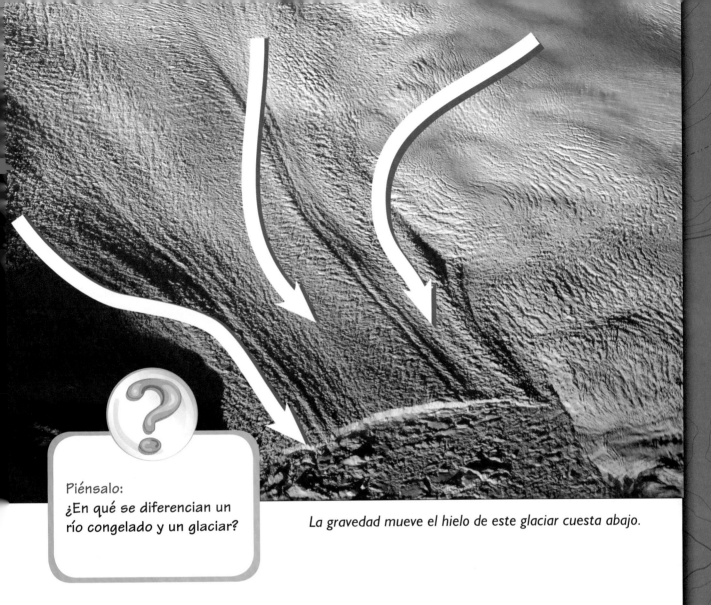

Piénsalo:

¿En qué se diferencian un río congelado y un glaciar?

La gravedad mueve el hielo de este glaciar cuesta abajo.

Un glaciar no es simplemente un cuerpo de agua que se ha congelado. Los glaciares se forman por un proceso de muchos años en que la nieve es comprimida hasta convertirse en hielo. Otra cosa que diferencia a los glaciares de otros cuerpos de agua congelada es que se mueven. Lo que los hace moverse es su gran tamaño y peso, combinado con la fuerza de gravedad. Los glaciares se corren lentamente desde lo alto de las montañas, y cruzan llanuras hasta salir al mar, donde se quiebran formando icebergs.

Dónde encontrar los glaciares

Los glaciares se forman solamente donde hay nieve durante el invierno y los veranos son lo suficientemente fríos como para preservarla. Debido a que las temperaturas en la Tierra son más frías a mayor **altitud**, la mayoría de los glaciares se forman en las cimas de las altas montañas y en las regiones polares. Hay glaciares en todos los continentes, excepto en Australia. Lo que varía de un continente a otro, es la altitud a la que se encuentran los glaciares.

La cima de esta montaña está a 13,500 pies (4,115 m).

Este glaciar en la Antártida se formó a nivel del mar.

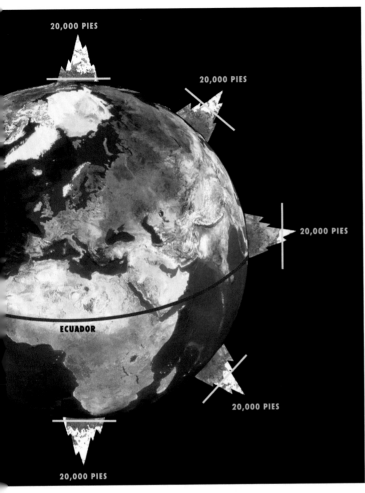

En la parte superior e inferior de la Tierra, los glaciares se forman a altitudes más bajas.

Por lo general, los glaciares se forman por encima de la línea de nieve y donde los veranos son lo suficientemente fríos para conservar la nieve del invierno.

No todas las líneas de nieve aparecen a la misma altitud. Cerca del Ecuador, donde hace calor porque está en la trayectoria de los rayos del sol, la línea de nieve no se produce hasta una altitud de alrededor de 16,000 pies (5,100 m), más de tres millas (4.8 km) sobre el nivel del mar.

En el Polo Sur, sin embargo, que es frío porque al estar inclinado se aleja de los rayos del sol, la línea de nieve se forma a nivel del mar.

¿Lo sabías?
Los glaciares cubren el 10% de la Tierra. Si todos se reunieran, cubrirían toda la América del Sur.

Un vistazo más de cerca

Los glaciares pueden ser gigantes, pero todos empiezan por ser pequeños copos de nieve. En las zonas frías, los copos comprimidos durante años son enterrados bajo una nueva capa de nieve. Bajo el peso de la nieve, los delicados copos se rompen y se transforman en granos redondeados parecidos al azúcar. Como la compresión continúa, los granos entran en una etapa entre nieve y hielo, llamada neviza, la cual, después de unos pocos años, se convierte en hielo.

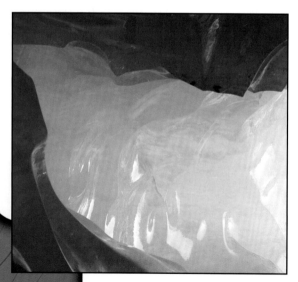

La luz solar se adentra en una caverna de hielo del glaciar.

Capas de un glaciar

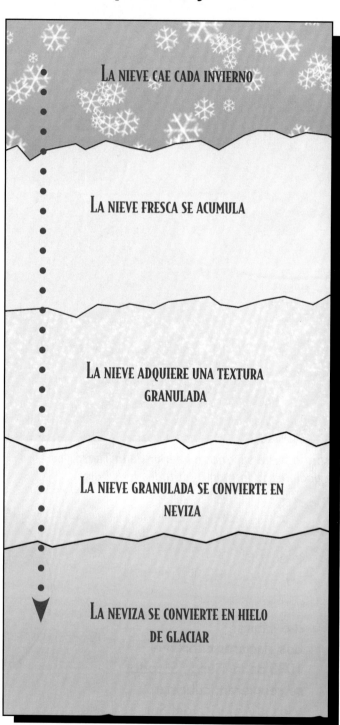

LA NIEVE CAE CADA INVIERNO

LA NIEVE FRESCA SE ACUMULA

LA NIEVE ADQUIERE UNA TEXTURA GRANULADA

LA NIEVE GRANULADA SE CONVIERTE EN NEVIZA

LA NEVIZA SE CONVIERTE EN HIELO DE GLACIAR

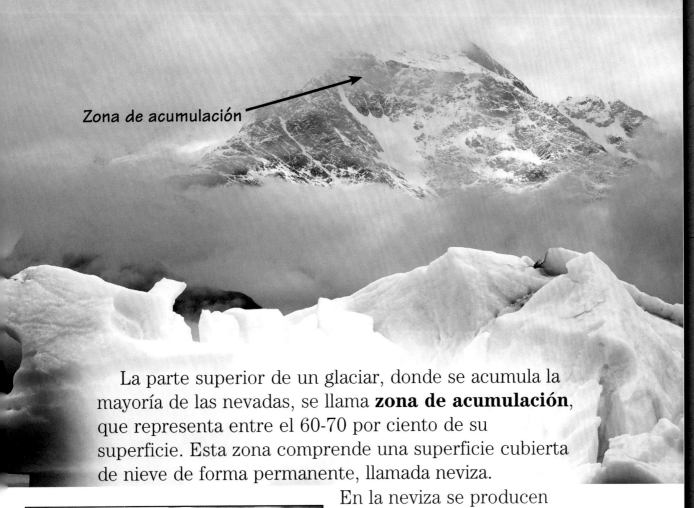

Zona de acumulación

La parte superior de un glaciar, donde se acumula la mayoría de las nevadas, se llama **zona de acumulación**, que representa entre el 60-70 por ciento de su superficie. Esta zona comprende una superficie cubierta de nieve de forma permanente, llamada neviza.

En la neviza se producen profundas grietas debido al cambio en la velocidad del glaciar. Estas rajaduras se denominan **grietas**. Observando una grieta, un **glaciólogo** puede ver las diferentes capas de hielo formadas por las nevadas cada año.

Grieta

Esta grieta es profunda y peligrosa. Cada año hay reportes de alpinistas que caen en estas grietas. Al caer se pueden matar o sufrir lesiones.

Terminal del glaciar

La parte inferior de un glaciar, llamada la **zona de ablación**, está asentada en la parte superior del lecho terrestre. La base de la zona de ablación tiene varios nombres, incluyendo cara, hocico, pie, dedo del pie y terminal. El terminal empuja todo lo que encuentra a su paso como la pala de una excavadora y mueve objetos, tales como grandes rocas, lejos de sus ubicaciones originales. Estos cantos rodados transportados se denominan rocas erráticas porque parecen estar fuera de lugar en su nuevo entorno.

¿Cúal es el único continente que no tiene glaciares?
Australia.

Terminal del glaciar

La **terminal** es la parte de un glaciar que muestra la rapidez con que se mueve. Mientras la terminal empuja todo a lo largo de la ruta del glaciar, el suelo y las rocas pequeñas son arrancados y forman montones llamados **morrenas**, que se depositan a lo largo de la parte inferior y a los lados del glaciar. La terminal también puede desplazarse a lo largo de los bordes de la tierra y colgar sobre el agua, donde se rompen los pedazos grandes y se forman los icebergs.

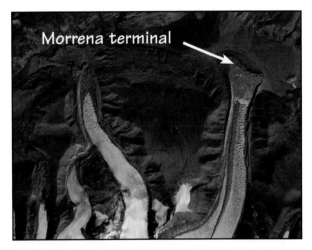

Morrena terminal

Esta foto de satélite muestra una morrena formada por un glaciar.

Los icebergs son pedazos de las terminales de los glaciares que se rompen y flotan hasta derretirse.

Tipos de glaciares

Hay muchos tipos de glaciares, cada uno llamado por su forma o ubicación. Las dos principales categorías son los **glaciares continentales** (también llamados capas de hielo) y los glaciares de montaña (también llamados glaciares **alpinos**). Los glaciares continentales son gigantescos bloques de hielo repartidos por un continente, se encuentran solamente en los polos Norte y Sur. La parte que sobresale del borde de la tierra y que flota en la superficie del océano se llama plataforma de hielo.

Glaciar continental

Glaciar alpino

P: ¿Cuál es la diferencia entre un iceberg y un glaciar? A: Un glaciar está en la tierra y un iceberg, en el agua. Los icebergs son trozos de glaciar que sobresalen de la línea costera.

Partes de este glaciar caen sobre el agua, formando icebergs.

Calotas de hielo

Las calotas de hielo contienen aproximadamente el 90% del hielo de la Tierra y alrededor del 75 % del agua dulce de la Tierra. La calota de hielo de Groenlandia es tan grande, que si se derritiera, el nivel de los océanos en todo el mundo subiría casi 20 pies (6 m) —el tamaño de una casa de dos pisos—. Si la calota de hielo antártico se derritiera, el nivel del mar mundial aumentaría unos 220 pies (67 metros) —la altura de un rascacielos en cualquier ciudad.

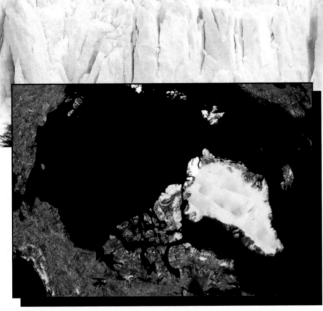
Calota de hielo de Groenlandia

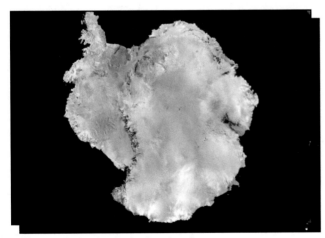
Calota de hielo de la Antártida

De glaciares

¿Sabías que la **capa de hielo** antártico ha estado en la Tierra por 40 millones de años? Es tan pesada que ha empujado hacia abajo partes de la Antártida más de una milla (1,6 km) por debajo del nivel del mar.

Capas de hielo

Una versión mucho más pequeña de una calota de hielo, es una capa de hielo que está en las cimas de las altas montañas, como un sombrero. Cuando los casquetes polares y las calotas de hielo fluyen hacia el mar, crean áreas donde las corrientes de hielo son más rápidas.

Los campos de hielo son más pequeños que las capas. A diferencia de otros glaciares, la velocidad del flujo de un campo de hielo viene determinada por las condiciones de la tierra debajo de él, como su forma y la temperatura.

Un campo de hielo grande tiene varias millas de largo.

Glaciares de montaña

Los glaciares de montaña se producen por todo el mundo. El más común es el **glaciar de circo**, una losa semicircular de hielo, ubicada en lo alto, a un lado de una montaña. Un glaciar de circo está formado en un hueco de la montaña en forma de cuenco, también llamado circo. Ocasionalmente se formarán varios circos alrededor de la misma montaña. Cuando tres o más circos rodean una montaña, forman un pico agudo llamado cuerno.

La línea roja de la foto muestra un glaciar de circo.

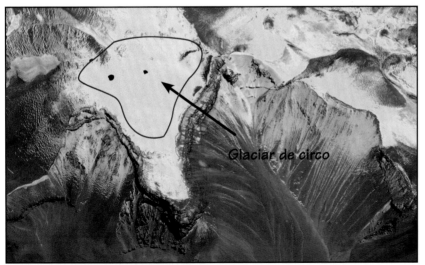

Glaciar de circo

Esta foto satelital muestra lo que queda de un glaciar de circo de unos cuantos miles de años.

¿Qué es un circo? La ladera de una montaña con un hueco semicircular y empinadas paredes formadas por la erosión de los glaciares.

Valles glaciares

Un **valle glaciar** también se nombra según su localización. Se desliza lentamente hacia abajo por una montaña, hacia un valle de montaña, la llanura entre montañas. Las montañas rocosas, en el oeste de Estados Unidos, tienen unos 50 valles glaciares.

Cuando los valles glaciares se deslizan hacia abajo, arrastran rocas afiladas y hielo, cortando los lados del valle y el piso en forma de U. El valle de Yosemite, en California, es un ejemplo de un valle en forma de U.

Los glaciares cortan grandes secciones de rocas mientras se mueven creando un valle a su paso.

Valles glaciares

Esta fotografía muestra varios valles glaciares en Alaska.

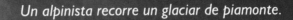
Un alpinista recorre un glaciar de piamonte.

Glaciares de piamonte

Cuando los valles glaciares se mueven y llegan a la base de las montañas, se pueden combinar con tierra y formar una capa gruesa y circular de hielo, llamada **glaciar de piamonte**. El glaciar más grande de Alaska, el Glaciar Malaspina, también es el glaciar de Piamonte más grande del mundo. Se extiende a través de una llanura costera, cubriendo 1,500 millas cuadradas (2,414 km), y tiene más de una milla de espesor.

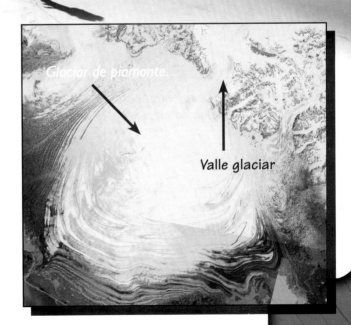

Glaciar de piamonte.

Valle glaciar

Visto desde arriba, un glaciar de piamonte se asemeja a una sartén. El "mango" es la columna de hielo glaciar que conecta el glaciar de piamonte con el valle glaciar que fluye hacia abajo por la montaña.

¿Cómo se mueven los glaciares?

Incluso como parte de un glaciar enorme, el hielo y la nieve se deforman con facilidad por el estrés del peso y la presión. Una vez que el hielo de los glaciares adquiere 60 pies (18 m) de espesor, es lo suficientemente pesado como para moverse. Los glaciares pueden moverse de unos pocos centímetros al día a más de cien pies por día. La parte inferior de un glaciar se mueve más lentamente que su parte superior, debido a la fricción con la superficie de la tierra.

Un glaciar lento

Este glaciar se mueve tan lentamente que las personas pueden caminar frente a él sin sufrir daños.

¿Qué otras cosas de tu vida son afectadas por la gravedad?

Un glaciar rápido

Este glaciar está en una ladera escarpada y su movimiento te puede lastimar o matar con facilidad.

La presión que mueve un glaciar proviene de la fuerza de la gravedad sobre su masa. Los glaciares muestran dos tipos de movimiento. El más dramático de los dos es la avalancha de hielo, que ocurre cuando un glaciar colgante cae desde una empinada ladera de montaña. Generalmente, los glaciares se mueven lentamente a lo largo de la tierra. Por ejemplo, el movimiento de un valle glaciar, oscila entre menos de una pulgada a pocos metros al día.

Además de por su masa y gravedad, el movimiento de un glaciar está afectado por el clima. Como está hecho de hielo, muchas partes de los glaciares se derretirán en climas cálidos. El agua del glaciar derretido se llama aguanieve.

El agua de deshielo fluye hacia la base de un glaciar. Viaja en túneles dentro de un glaciar y a veces en canales en la superficie. El aguanieve fluye a lo largo del suelo próximo a un glaciar y puede fluir hacia el mar o formar lagos.

Los lagos glaciares se forman a partir de aguanieve de los glaciares.

Cuando un glaciar acumula más nieve y hielo del que pierde al derretirse, avanza, o empuja hacia abajo. En un clima más cálido, cuando pierde hielo y nieve por derretimiento, parece moverse hacia atrás, o retirarse.

Cuando la cantidad de nieve nueva equilibra la que se derrite, el glaciar se queda inmóvil.

El glaciar Grinnell, en Montana, se ha estado retirando por varios años.

Glaciar Grinnell en 1981

Glaciar Grinnell en 2006

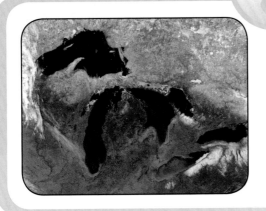

Los grande lagos (*Superior, Michigan, Huron, Ontario y Erie*), están entre los Estados Unidos y Canadá. Se formaron hace 10,000 años por aguas derretidas de una capa de hielo en retirada.

Muchos accidentes geológicos son creados por los glaciares. Estos se clasifican en tres grupos: accidentes geográficos erosivos, accidentes geográficos deposicionales y estructuras de hielo. Los accidentes geográficos erosivos se crean mientras los glaciares **erosionan**, o desgastan, parte de las montañas cuando se deslizan hacia abajo y arrastran las rocas a su paso. Estos incluyen surcos, valles colgantes e ibones — lagos hechos por los glaciares.

Los accidentes geográficos deposicionales están conformados por depósitos glaciares, o sea, las capas de rocas, grava y arena que dejan atrás a medida que pasan.

Piénsalo:
Si el calentamiento de la Tierra y la retirada de los glaciares continúa, ¿cómo afectará esto a las personas y animales que dependen de ellos?

Accidentes geográficos erosivos

El valle Yosemite es un área bien conocida que fue excavada por los glaciares.

Accidentes geográficos deposicionales

Un glaciar en retirada dejó estas terminales gigantescas detrás de las montañas Teton, en Wyoming.

Accidentes geográficos del hielo

Los glaciares se rompen mientras avanzan, creando pedazos grandes y caídas de hielo.

Los accidentes geográficos del hielo son estructuras hechas de hielo, incluyendo los glaciares de circo, los valles glaciares, las grietas y cascadas de hielo (cuando partes de los glaciares se mueven rápidamente).

Una cascada de hielo es un flujo cuesta abajo desde una pendiente escarpada. El flujo de una cascada de hielo es muchas veces más rápido que el promedio del flujo glacial. Este flujo rápido fractura el hielo, formando grietas.

El gua fresca fluye de un glaciar que se derrite.

¿Cómo benefician los glaciares a las personas?

Los glaciares son un recurso natural. A diferencia del agua del mar, el agua del deshielo de un glaciar no es salada y puede ser utilizada para beber y regar los cultivos. Durante sus temporadas secas, el aguanieve riega cultivos y se utiliza para beber en la India, Afganistán, Pakistán, Nepal, América del Sur y China. El período en que más se recoge agua de deshielo glaciar es a principios del verano. La oleada de derretimientos puede formar corrientes de agua que surgen desde la base de un glaciar, a menudo inundando el valle que está abajo.

Las aguas de los glaciares crean electricidad mientras se derriten y fluyen ladera abajo hasta una central hidroeléctrica.

Durante cientos de años, los granjeros suizos se han beneficiado de los glaciares mediante la canalización del agua de deshielo hacia sus cultivos. Otro beneficio de los glaciares es la electricidad. La energía liberada por el aumento del derretimiento de los glaciares es aprovechada para la generación de **hidroelectricidad**. En Canadá, Europa y Nueva Zelanda, científicos e ingenieros utilizan aguanieve para generar hidroelectricidad. En Suiza, el sistema ferroviario es alimentado por energía hidroeléctrica.

Este es un tren eléctrico. Puedes ver los cables sobresaliendo del motor.

Cada año en los Estados Unidos, millones de turistas visitan el Parque Nacional los Glaciares, de unas 16,000 millas cuadradas (25,000 km^2), ubicado en el estado de Montana.

En Europa, el glaciar de Aletsch es un sitio turístico importante. Es conocido por las franjas oscuras que recorren toda su longitud, llamadas **morrenas mediales**, resultado de suelos y sedimentos empujados juntos por campos de hielo convergentes.

Los sedimentos fluyen con el hielo de los glaciares a paso lento.

Sedimento

Si observamos un glaciar desde un satélite seremos capaces de ver cómo los sedimentos crean una morrena medial.

Sedimento

Vida entre glaciares

Una gran variedad de vida animal se ha adaptado a vivir entre los glaciares. Los pingüinos antárticos se protegen con su plumaje denso. El zorro y la liebre árticos se camuflan mudando sus abrigos de marrón a blanco para que coincida con el color de la nieve —para no ser vistos fácilmente por los depredadores. Los roedores pequeños se adaptan aumentando su calor corporal y su metabolismo, para refugiarse bajo la nieve.

Zorro ártico en invierno

La liebre ártica se confunde con la nieve.

Zorro ártico en verano

Otros animales del ártico son el lobo gris, el buey almizclero y el caribú. En las regiones alpinas, la cabra y la gamuza están adaptadas para trepar las laderas de rocas empinadas.

Buey almizclero

Caribú

Cabra de montaña

En las montañas de América del Norte viven los muflones de Dall y las cabras de montaña, y en las áreas más planas, viven los alces, los wapití y los osos. Mirando desde el cielo se ven muchos tipos de aves, incluyendo el águila.

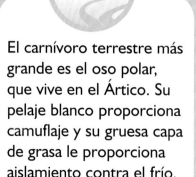

El carnívoro terrestre más grande es el oso polar, que vive en el Ártico. Su pelaje blanco proporciona camuflaje y su gruesa capa de grasa le proporciona aislamiento contra el frío.

Los glaciares y el calentamiento global

El derretimiento de los glaciares es un indicador importante del calentamiento global. El calentamiento global se refiere a la elevación de la temperatura de la Tierra, en parte causada por la contaminación que proviene de las centrales eléctricas y los automóviles, llamados gases de efecto invernadero. Los científicos advierten que, si no se revierte esta tendencia de calentamiento, se producirán desastres mundiales, incluyendo la fusión de los glaciares, la subida del nivel de los mares inundando las costas, sequías, incendios forestales, la alteración de los ecosistemas y la extinción de especies animales.

Zona de acumulación

Valle glaciar

Glaciar

Morrena medial

Glaciar de circo

Glaciar de piamonte

Grietas

Terminal del glaciar

Lago glaciar

Morrena terminal

Glosario

alpino — la parte alta de una montaña o cordillera por encima de los árboles

altitud — altura con respecto al nivel del mar

capa de hielo — cima de una montaña cubierta de hielo

erosionar — desgastar

glaciar continental — glaciares que se forman sobre continentes, completos, como la Antártida

glaciar de circo — área en forma de sartén en la ladera de una montaña que acumula nieve

glaciar de piamonte — un valle glaciar que se a expandido en un área plana

glaciólogo — persona que estudia la formación y el movimiento de los hielos y glaciares

grieta — hueco grande en un glaciar o en la nieve

hidroelectricidad — electricidad creada por el agua

lago glaciar — lago formado por el derretimiento de un glaciar

morrena medial — área de suelo y roca que se forma cuando dos glaciares se encuentran

terminal — final de un glaciar

valle glaciar — glaciar que ocupa un valle entre montañas

zona de ablación — área del glaciar que está debajo de la línea de nieve que se retira más rápido de lo que crece

zona de acumulación — área de la montaña donde se acumula la nieve

Índice

Más lectura

Bodden, Valerie. *Glaciers, Our World.* Creative Education, 2006.
Carruthers, Margaret. *Glaciers.* Watts Library, 2005.
Higgins, Nadia. *Welcome to Glacier National Park.* Child's World, 2006.

Sitios de la internet

nsidc.org/glaciers
www.42explore.com/glaciers.htm
www.sciencenewsforkids.org/articles/20050914/refs.asp

Sobre la autora

Sandy Sepehri vive en Florida con su esposo, Shahram, y sus tres hijos. Ella es licenciada y escribe artículos y cuentos para niños. También ha escrito muchos libros de ficción y no ficción para niños.